거룩한 로그아웃

거룩한 로그아웃

김올 시집

고두미

■ 일러두기
본문에서 > 표시는 단락 공백 표시로 쪽이 바뀔 때 연이 새로 시작된다는 뜻입니다.

□ 시인의 말

이십여 년간 쓴 시들을 모아
첫 번째 시집을 엮습니다

작품 속에는
어머니와 아버지
가족을 소재로 한 시가 여러 편입니다

가을볕이 좋은 날
툇마루에 앉아 이 시집을 마중한다면
오래된 일들이 다 아름다워지고
첫 마음이 보이리라 믿습니다

2025년 11월
김올

거룩한 로그아웃 | 차례

제1부 수두룩하게 낯익은 얼굴

원로 신인	___ 13
하얀·꽃·잎·점·지붕	___ 14
아네모네	___ 15
금천동 알밤 장수	___ 16
몰입	___ 18
죽竹부인	___ 19
황사	___ 20
교실 나무	___ 21
포장마차	___ 22
휴대폰	___ 24
청개구리	___ 25
아기 고라니	___ 26
제천 장날	___ 28
씨아부지	___ 30
먼지값	___ 31

제2부 얼근얼근 달려오는 새벽길

풍등	___ 35
꼬시래기	___ 36
초복	___ 37
맥문동 선생	___ 38
종이꽃	___ 39
새벽길	___ 40
언니 마음	___ 42
호미신	___ 44
콩 판 돈	___ 45
자목련	___ 46
까치 둥지	___ 47
비름나물	___ 48
단풍 얼굴	___ 49
6월 장례	___ 50
하늘로 간 안부	___ 52
폭염	___ 53
매실청	___ 54

제3부 푸시킨의 시 구절을 옮겨 쓰며

김옥순 여사	___ 59
숫돌 수행	___ 60
간호사 한마디	___ 61
순교 할머니	___ 62
입추立秋	___ 63
밥덩이 천사	___ 64
술래 부부	___ 66
추석	___ 67
달아난 수세미	___ 68
안보 제2터널	___ 69
잘 가라	___ 70
십이삼	___ 71
조문 가는 길	___ 72

제4부 마음의 지팡이 하나

독한 놈	___ 75
옥수수의 힘	___ 76
거룩한 로그아웃	___ 77
호국원 고양이	___ 78
살구 소동	___ 80
뿌리의 힘	___ 82
지렁이	___ 83
칠월 복숭아	___ 84
떨어진 감	___ 85
플래카드	___ 86
캐논 프린터	___ 87
지팡이 선물	___ 88
호랑나비	___ 89
와롱 길거리 북카페	___ 90

제1부

수두룩하게 낯익은 얼굴

원로 신인

시 공부한답시고
건너온 세월 십 년

상패를 받쳐 들고
눈물만 그렁그렁,

고개를 들어 보니
수두룩하게 낯익은 얼굴!

하얀·꽃·잎·점·지붕

살구꽃 떨어진 빗물받이 통
새소리와 뒹굴다 딱 멈춘 그곳은
포로롱 포로롱 날아든 꽃잎 세상.

아네모네

아침에 눈뜨니 막둥이 소리친다
"엄마, 아네모네 죽었어요."

꽃집에 들렀을 때
보라색 향기로 나를 매혹시켰던 꽃
꽃집에서 분갈이하고 현관 입구에 놓았더니
여섯 장의 여린 꽃잎 받들지 못하고
알파벳 C자 줄기로 모든 것을 내려놓았다

욕창을 업고 사는 친정 엄니처럼

물 한 컵 받아 자갈이 깔린 화분에 뿌리고
벽에 부축해 놓으니 부드럽게 휘어진 줄기
조금 후에 우뚝!

엄니 등뒤에 핀 보라 꽃이다

금천동 알밤 장수

금천동 광장에서는 어둠을 삶아 내는 불빛이
타닥타닥 소리 내며
오천 원에 두 봉지씩 팔리고 있다

사주 대박을 위해 모인 사람들
빗방울 사이에서 나방처럼 꼬이고
검은 챙모자를 내리 쓰고
알 없는 검은 뿔테의 알밤 장수는
자신의 나이를 스무 해나 깎으려고 안간힘을 쓴다

오른손은 주머니 안에서 나올 기세가 없고
왼손만이 다섯 개의 집게처럼
흰 종이 봉지를 힘껏 벌리고
토실토실 알밤을 깊숙이 밀어 넣는다

아내와 국수 한 젓가락 나눈 지도
이십여 년이 넘었다고
뇌졸중에 아내와의 이별까지 찾아와
왕년에 잘 나갔던 주점은
소리 없이 무너졌다고

숨어 있던 오른손이 꿈틀꿈틀 지난 일을 펼쳐 놓는다

오그라진 손 앞에 멈춰 선 철없는 여자 손님

"국시 한 그럭 하실래유?"

몰입

살아가는 방식이 무어냐고
누군가 조신하게 물었을 때
허둥지둥 분주했던 날들은
모두 영양가 없었다고
추운 날 하얀 입김처럼 얼어 버렸다고

혼자서는 지구에 설 수 없는 어머니
쉰이 넘어도 시집 못 간 언니는
아무 생각없이 코 고는 소리만 야무졌다고

내 안에 꽁꽁 숨겨 두었던
얼음의 양들,
스물스물 이유 없이 올라오고
얼음눈을 꾹꾹 닫아가며
학교 운동장으로 가던 밤
하늘 문 스위치만 반짝반짝,

내 안에 고여 있다고

죽竹부인

네 사랑일까?
열대야로 뒤척이는 여름밤의 종착역
얼기설기 엮은 너를 가만히 품는다

가슴에 품고
한 다리 처—억 올리면
너는 시원한 그늘이 되어 나를 식히고
수줍은 미소로 살며시 속삭인다

꿋꿋한 절개와
그리움을 포개어 꿈속에 그리면
지친 하루는 어느새
깃털이 되어 날아오르고

내 여름을 사로잡는다

황사

투명하던 햇볕이
굴곡의 현기증을 토해낸다

옷매무새 가다듬던
꽃들의 향기,
중심을 잃어 비틀거리고

목이 타는 대지에
발열처럼 복사꽃이 핀다

휴교령이 떨어지고
이어지는 불청객 소식

4월의 봄 가슴은 또 철렁!

교실 나무

천안 삼거리 2학년 4반 교실
오롯한 나무 한 그루 벽에 있다

이파리는 야위어 허전하고
풀 없고 물 없는 허공,
대롱대롱 매달린 나무는

야간 수업종이 울리면 들숨날숨으로
글자에 꽂힌 눈동자 주시하며
'자유시간'을 먹는 작은 나무들 본다

잠시 눈꺼풀을 닫는 순간
묵묵히 큰 나무가 되겠다는

새들 지저귐이 삭막한 교실
나무 한 그루만
벽 속에 뿌리 감추고 있다

포장마차

네 입김일까?
뽀얗게 김이 오르는
하루의 종착역에서
나른함을 털어 낸다

넉넉한 미소, 한 자락에
너는 때로 짤짤 끓는 국물이 되어
나를 데우고
가끔은 애틋한 사랑이 되어
나를 울린다

그리움까지 마지막 한 잔에
부어 마시면, 반짝
추억도 보석이 될까?

목구멍을 흐르는 알콜처럼
그리움도 자연스레 함께 녹아 흐르면
지친 하루는 어느새
깃털이 되어, 폴폴
날아오르고 있다

\>
내 발목 잡아 묶는, 너
영혼의 안식처

휴대폰

은은한 눈빛으로
나를 유혹하던 날
따스한 느낌 만지작거리며
다정히 손잡았지

손잡은 두 손
한 몸 되어 열정으로 빛나고
세월 자락엔
사연 담은 설렘이 맴돌았지

아뿔싸!
내가 먼저 사랑했을까
포맷이 되어버린 좌·우뇌엔
그리움이 남고

홀연히 떠나버린 너에게
번호라도 남겨주면 안 되겠니
메아리만 아우성친다

청개구리

비 오는 날
취나물 이파리에
청개구리 앉았다

찰카닥찰카닥
찌찌르르 쒜애애
소리가 섞여 퍼질 때
이파리만 꼭 붙들고
목청을 덜덜덜 떤다

"너는 집도 없나?"

물방울 이파리에 볼록 앉아
대답 한마디 없고
졸린 눈만 끔벅거린다

집에도 안 들어가고
엄마 생각만 하는 나처럼

아기 고라니

논둑 풀숲에 움츠린 아기 고라니로
깜짝 놀랐다고 말하는 남편
그곳에 가보니 까만 눈동자
똥그랗게 빤히 쳐다보고 있다
움직이지 못하는 기력을 보니
물 한 모금 줘야겠단 생각으로
이리 뛰고 저리 뛰고
물을 구할 수 없는 길
동물보호센터에 고라니 이야기한다

한 시간 넘게 기다려야 한다는 말에
"꺅꺅" 소리 하는 고라니 눈을 손수건으로 덮고
작은 상자에 넣어 뒷자리에 두었다
손수건을 벗고 상자에서 나온 고라니
앞자리로 옮겨와 내 다리 사이에 쪼그려 앉았다

평소 고라니 때문에 진절머리난다는 어머니
고라니를 데려왔으니 얼마나 기가 막힌 일인가
어머니의 큰소리는 마당을 울리고
우리 부부는 아무 말도 못 하고

동물보호센터 사람만 기다리다
엄마 고라니 있는 곳으로
데려다 줘야 한다는 결론을 얻는다

철둑길 건너고 논둑을 지나고
풀숲 우거진 논과 논 사이에
아기 고라니를 다시 놓아 주었다
가만히 앉아 있다 후루룩 달려가는 아기 고라니
엄마 곁에서 잘 살았으면
위험한 세상에는 홀로 다니지 않기를……

제천 장날

1
언제부터인가 장날을 기억하는 나이가 되어
삼일장과 오일장을 떠올린다
옛날 엽전과 오백 원짜리 지폐가 이만 원이 되고
시집갈 때 가져갔던 요강이 오천 원에 팔리고
농사 지은 곡식들은 역전에 나와 오가는 사람들의
손길을 기다린다
참기름 들기름만 판다는 봉양댁의 기름을 들고
고향이름을 달아 형제들에게 봉양하면 좋았다

2
팔월에는 폭우가 열차를 끊어 놓았다
나는 버스를 타고 시간을 넘고 또 넘고
고향 역전으로 장날을 맞이하러 간다
한마음 시장 봉평 집에는 벌써,
몇몇 사람들이 막걸리에 메밀전을 한잔씩 걸치고
여름날 선풍기 날개처럼 끊임없이 돌아갔다

여고 시절 단짝과 대낮부터 걸치는 막걸리 한잔
아치형 지붕 새로 내려오는 빗줄기들의 분사는

내 술잔에 날아든다

저잣거리에서 호박을 팔고
술 한잔이 낙이었던
어머니의 장날 술이다

씨아부지

추석 명절
차례 지내고 오는 차 안에
술 취한 목소리 짠하다

에미야 난 에미가 다 좋은디
맘에 안 드는 기 하나 있다는

그기 뭐냐고 물으니

핑풍처럼 다녀 간
시아버지와 며느리의 대화에
긴장한 입들이 호흡하고 있다

아들이 없어서 그러지 라며
어데서 아들 하나 낳아 오믄 좋겠다고

말이 안 되는 말이
바람이 되고
차 안의 술기운까지 화들짝 놀랐다는 씨.

먼지값

 육거리에 사는 용이는 청보리 밭에서 일 년 동안 고생하다 예전의 시간이 나를 부른다고 허풍을 떨며 술 한 잔 하자고 꼬드기는데 거절 할 수 없어 삼겹살 거리에서 저녁을 해결하고 집들이 하자고.
 으슥한 밤이라 슈퍼들은 몽땅 잠들고, 두리번두리번 저 멀리서 보이는 불빛. 우리는 야생의 특성을 살려 먹잇감을 찾은 것마냥 구멍가게를 표적 삼아 들어갔다. 굽이진 허리의 할머니 꾸벅꾸벅 졸다 금이라도 발견한 듯 번쩍이는 눈동자에 비틀대는 밤길을 맞고. 화장지를 찾는 물음에 주인은 키가 짧아 꺼낼 수 없다고. 구둣주걱이 천장 높이 선반에서 화장지를 꺼내는데 먼지도 같이 우르르 따라온다. 깔끔 떠는 용이는 실눈으로 바깥으로 나가자 하고, 오래된 주인은 아무렇지 않은 듯 손잡이에 쌓인 먼지를 물걸레로 쉬익— 쉭 닦고 머릿속으로 암산한다. "만팔천 원이유" 만 원짜리 지폐 두 장이 내 손에서 떠날 때 비싸다 비싸다 투덜대는 네 입에게 한마디한다. "그래도 먼지 값은 안 받았잖여? 얼마나 오래 묵힌 먼지여?"

 먼지들이 자유로운 오밤중!

제2부

얼근얼근 달려오는 새벽길

풍등

정동진 바닷가에
어둠이 채워지면

쏴~오오오~훙
탁~ 타닥~ 타닥~

불꽃 터지는 소리에
소원 종이를 매달고
움직이는 **빨간 별**,

잽싸게 내 소원을
뜨겁게 낚아 올렸다

꼬시래기

붕어빵 장수 아주머니
과일 장수로 변신을 했다
나는 분명 수박 한 덩이 샀을 뿐인데
김에 꼬시래기를 얹어 초고추장 한 방울 떨구고
내 입에 넣어준다
꼬독꼬독 꼬들하다
바다를 품고 왔나
식당에 갈 때마다
두 접시 세 접시 말았던 푸른 국수

찬물에다 한 시간만 담가놔요
바다를 떠나 부글부글 끓었다

푸른 국수를 먹는다
꼬독꼬독 소리를 먹는다
과일 장수 아주머니가 말아준

초복

제천에 사는 작은올케가
장롱 깊이 아껴둔 수건
다섯 장을 꺼냈다

태어날 아기들에게는
이불이 될 거라고
외할머니 되는 나에게 준다

삼년 만에 생겨난 아기들
삼삼이와 복복이를 위해
삼복이 덮어주라고

어쩌면 자식들이 결혼해서
손주들에게 주고 싶었던
십 년 동안 간직한 세월인지도

삼복을 기다리는
첫 시작의 복날!

맥문동 선생

맥문동의 꽃말은
'기쁨'
'인내'
'겸손'

나는 얼마나
기쁨의 연속이었나?
나는 얼마나
인내의 연속이었나?
나는 얼마나
겸손의 연속이었나?

휴가 마친 다음 날
겸손과 인내 어데 가고
기쁨의 연속 사라지고

풀처럼 낮은 자세로 살다
외길로 탄생한
보라의 가르침을 받는다

종이꽃

색색으로 피어난 전단지 한 장을 접어
꽃술 모양을 만들고
숭덩숭덩 가위질하고 풀칠하여 붙이고
꽃모양 배 포장지에 접착제를 뿌렸네요
글자 빼곡한 꽃술을 밀착시켜
노랑 아크릴 물감을 칠하고
나무 대궁을 이으니 그럴듯한 꽃인 걸

책상 위에 올려놓은 꽃 두 송이
공부하던 은옥이 달려와 신기한 듯 쳐다보고
한참 동안 꽃술에 킁킁거리네요

'진짜 꽃이면 얼마나 좋을까?'

꽃 향기를 들었다 놓았다
아홉 살의 고개가 시계추처럼 흔들리네요

전단지 돌리고
우웃값 받으며 악착같이 살아 내던 꽃
시집 못 간 울 언니

새벽길

늦둥이 딸을 대학 보내고
야식집에서 닭볶음탕에 낙지볶음
밑반찬을 짭조름하게 배달하고
밤이 얼큰하게 희석되어야
스무 살 딸 생각이 옅아진다는
순진한 울 언니,

칠일마다 지불하는 아르바이트 값을
딸 학비에 보탠다고 좋아라 하더니
재료비가 바닥나 안절부절못하는 주인을 보면
보름이 넘도록 손 내밀지 못하겠다고

하루종일 우유 판촉에 끄떡없던 손등이
아침마다 풍선처럼 봉그랗게 올라와도
주인이 손해나면 안 된다고 말하는
울 언니 순진이,

배달이 취소된 닭볶음탕 한 그릇 값
전화기 옆에 남겨두고
막걸리 두어 병 끌어안고

동생 집으로 얼근얼근 달려오는 새벽길

언니 마음

동생아
생일 선물이 귤 한 박스다
엄청 큰 선물이징?

듬성듬성 머리밑이 들여다보이고
구불구불한 퍼머에 가뭇가뭇한 팔뚝으로
늦둥이 4학년을 키우는 언니
기르는 화분에서 힘겹게 피워올린 장미 줄기에
만 원 한 장 옷으로 입혀
귤 한 상자와 집으로 올려보냈다

'생일 선물이다'

하얀 면사포 구경도 못 하고
첫사랑 찾아 이사 온 지 어언 십이 년
사랑이를 낳고 구불텅한 인생길에
딱딱한 막대기가 되어 버린 다리,
동생 신랑 걱정에 수면 양말을 선물하는
꺾인 생애에 고개 숙인 장미처럼
쪼그라진 돈 한 장이 좋다던 언니,

두루뭉술한 푸념을 문자처럼 보낸다

우
리
집
에
딸
랑
하
나
핀
꽃이여

호미신

 인공 무릎 관절 수술 받은 지 오 개월 지난 어머님, 아픈 증세가 진전이 없자 이 병원 저 병원 약을 드시고 속이 메슥거린다며 밥을 절대 못 드신다. 이를 본 둘째 시이모, 점집으로 달려가 점쟁이한테 생년월일 알려주니 조상신 객신 온갖 귀신 다 붙었다고 굿을 해야 한다고. 돈이라면 질끈 겁을 냈던 아버님도 굿돈 선뜻 내어놓고 점쟁이 말대로 장독대 옆 소나무 베어내고, 닭 두 마리 사다 마당에 풀어놓으면 집안의 온갖 잡귀 먹어치운다고. 사흘 만에 내쫓아 버리니 들판에서 꽁꽁 얼어 죽어도 아무 말 못 하셨다. 굿 덕분인지 닭 때문인지 밥 드시는 것도 잠시인 어머님, 기역 자 걸음으로 밤마다 아파서 우시다가 이레째 병원밥 드시고, 허리 복대 차고 일 자 걸음 하시더니 세상 날아갈 것 같다며 마늘밭에 풀 뽑으러 나가셨다.

콩 판 돈

 밀양 박씨 집안에 외며느리가 되는 1990년 12월 16일, 신랑 신부 궁합을 볼 때 음력 10월 31일 아니면 둘이 인연이 될 수 없다고, 달신 보살이 연거푸 말하기에 음력으로 결혼 날짜를 잡았다. 결혼식이 끝난 이틀 후, 이 세상에 이름을 얻은 날! 신혼여행에서 돌아오니 시어머님 십만 원을 주시며 생일비라고 하신다. 해마다 일 년에 한 번씩 돌아오는 며느리 생일, 병원에 계실 때도 삭신이 쑤셔 거동이 불편할 때도 열두 해째 날아오는 마음, 올해도 구겨진 봉투에 생일비를 넣어 아들 편에 보내신 어머님. "매년 주다 안 주면 서운한 겨. 콩 판 돈이여. 콩 한 말에 칠만 원, 두 말 털었더니 십사만 원 나와서 십만 원 너 주고…… 그래도 사만 원 벌었잖어." 허허허 웃음소리에 부드러워진 저녁이다.

자목련

온통 뼈다구로 실체를 감추었던
싹둑 가지의 정체
새의 부리처럼 올랐다

연두 새싹을 달고
겨우내 몰랐던 아파트 단지 안에
살아있어도 눈길 1도 없다가
주차하며 알게 된 나무

꽃망울에 새싹 잎 달고
나 여기 있어요
나 좀 봐 주세요
간절히 원했던 소리

몽울몽울 오므리며
나풀대는 꽃잎
짝다리로 섰던 사월 봄날에
목련 꽃잎 두 장 나란히 달고
바지 펄렁대며 팔월까지 폈다

까치 둥지

미루나무 사이로 까치 두 마리
나뭇가지를 하나씩 물고 분주하다
한 마리는 나르고
한 마리는 부리로 콕콕콕
나뭇가지를 **뺐**다 끼우며

신혼살림 준비에 바쁜
막둥이, 막둥이 부부

비름나물

 육거리 신호등에 희끗희끗한 할머니 미원 가는 버스가 자주 없다고 펼쳐놓은 저잣거리 물건을 보자기에 둘둘 말아 접는다. 손톱 밑이 까매서 쉽사리 지워지지 않는 농사의 시간, 자신보다 힘겨운 보따리를 아낙의 힘을 빌려 운전사 뒷자리로 옮기고, 엉거주춤 앉아 나물 담은 시퍼런 봉지가 빠질까 보자기 사이에 끼워 넣기 바쁘다. 이천 원에 비름나물 다 가져가라는 애절한 눈빛이 살아생전 억척스럽던 어머니를 부른다.

 어머니는 뒷밭에서 뜯어온 비름나물을 가마솥에 팔팔 삶아 한 덩이 두 덩이 손바닥 포개어 물기 꾹꾹 짜내고 쟁반 위에 올렸던 가족들의 밥벌이, 머리가 짓이겨지도록 오백 원 지폐를 벌어오면 아버지께 바쳤다. 저잣거리에서 소주 한잔 기울이는 게 낙이었던 어머니, 시장만 다녀오면 입에서 폴폴 났던 그 향내, 버스 안에서 동전 열 개와 천 원 한 장으로 맞바꾼 비름나물 한 덩이는 억척스런 내 어머니.

단풍 얼굴

일흔여섯 해의 어머니 얼굴에
단풍 한 잎 사계절 박혀 있어요

소띠라고 평생 손수레 끌어
저잣거리에 내다 팔던
호박잎, 비름나물, 파, 깻잎은
우리들의 밥이었지요

빨대 꽂은 콩두유
간식으로 마실 때면
단풍 한 잎 찾아와
눈물 흥건해진 얼굴

어머니의 계절 지날 때마다
찾아오는 단풍 한 잎.

6월 장례

육이오 참전용사로 이름을 알렸던 김용규 아부지
유월의 이름으로 태극기 타고 가셨다
만삭이었던 배의 모형은 절벽을 만들어
아부지의 오랜 모습을 잃어갔고
큰딸 작은딸 방문에 내일 가라며 고갯짓을 하고
주머니에 오만 원을 손가락으로 집으며
맛있는 거 사 먹으라고 한 말씀 고개 넘기가 힘든데
작동이 불가능한 왼손으로 꾸역꾸역
써내려간 '조코레또' 에비씨 초콜릿 하나 넣고
굳어진 혀의 감각에 아랫니 하나만 덜겅거리다
미음 한 모금 넘기지 못하고 그르렁 소리 멈췄다

아부지의 임종을 돌아본 김종연 어무니
삼년이 지난 유월에 아부지 시간을 따라가셨다
햇볕에 마른 나뭇잎처럼 시커멓게 남아 있던 살갗들이
물을 비워내지 못하고 제 안으로 저장하고 퉁퉁 불어
무겁게 딴사람으로 변형되어 눈을 닫았다
임종을 못 봤다고 울며불며 자식들이 건너오고
입관식 하는데 꽃분홍 깃을 한 삼베옷 입고
구부러진 다리는 쫙 펴지고 꽃분홍 입술을 하고

볼살은 차갑지만 매끄러워 눈만 감은 듯
향나무 주머니 누운 틈새를 꼼꼼히 메우고
고통을 태우는 어무니 나비 될 준비를 하신다

하늘로 간 안부

사장査丈 어른 안녕하세유
내가 큰일에 못 가봐서 죄가 되네유

그리구 만날 옛날 생각이 나네유
그전에 큰일에 가서 술 준 거
잊아뿌리지두 않구 생각해구 있어유

그리구 사장 어른,
밤별이 다 녹을 때까지
오래오래 사시유

* 사장(査丈): 사돈이 되는 사람을 높여 가리키거나 부르는 말.

폭염

삼십 년 넘는
선풍기 바람도
에어컨 바람도
마다하셨던 어머님

완두콩밭에서
풀 매고 오시면

"날씨가 미친 겨"

선풍기 틀어대고
에어컨 틀어대고
김치국물에 얼음 넣고
국수 말아 드셨다

매실청

올여름은 뒷베란다에 들어온 뙤약볕이 큰일을 저질렀다
펑!
무언가 놀라 후다닥 달려가 보니 백 일이 채 못 된 매실청이
바닥으로 쏟아져 나와 흐르고 나뒹굴었다
엊그제 입을 막고 뒤집어놨던 매실통
매실 좀 가만히 내버려두라는 굵은 잔소리를 들은 체 만 체
폭염이 찌는 공간에 그대로 방치해 두었으니
공기의 반항이 터져 나올 수밖에 없다

외할머니가 되면 머리 손질이 어렵다고 연중 행사인
퍼머를 하고 뒤태와 앞태를 찍어 가족카톡방에 올렸다
"시골 아줌마"
답이 없던 남편이 남의 편이 된 것처럼 발끈 화를 불렀고
당신 만난 탓이라고 한 치의 양보없이 달았더니
"평생을 남 탓만 하는구만" 답글이 달렸다
냉랭한 글들이 오고가자 싸울 일도 아닌데 왜 그러냐는
바다 건너 큰딸의 잔소리

>

부풀어 오르는 공기의 불만
생각지 못했던 일들이 터지고
점무늬의 얼룩과 매실 알갱이는 다시 돌아갈 수 없다는 것을
끈적끈적한 바닥에 떨어진 끈끈한 사이

제3부

푸시킨의 시 구절을 옮겨 쓰며

김옥순 여사

달래강 옆에 사는 일흔다섯 시어머님
화요일마다 한글 배우러 간다.
삼거리 지나 사과 가게에 세발자전거 맡겨 놓고
신호등 건너 버스 타고 십오 분
책가방 둘러메고 구부정하게 간다

여덟 칸 네모 공책에 담긴 반듯한 글씨들
대쪽 같은 성격을 닮아 한결같고
받침은 새참처럼 빼먹기도 하지만
푸시킨의 시 구절 옮겨 쓰며 우아한 시인이 된 듯한데

— 어머니 최고예요 엄지 척을 올리면
— 글씨 잘 쓰면 뭐하니 하나두 모르는 걸!

글씨는 잘 몰라도 즐겁다는 화요일
한글 선생님이 받아쓰기 할 거라며
달력을 찢어 만든 낱말카드 가방에 넣고
농사일보다 어렵다는 한글 배우고 온다

숫돌 수행

예순 총각 흥덕이 아재
담벼락 아래 수돗가에서 낫을 간다
한동안 묵혀 둔 바짝 마른 숫돌에
물 듬뻑 입히고 결 따라 갈고 있는
무딘 기억의 날들!

이~ 이거 가아~ 갈아야 되여
이~ 이거 가~ 갈아야 논 있는
푸울 베~ 벨 수 있어
이~ 이거 조~ 좋어

오래 방치한 녹물처럼
짙게 나오는 말들
반짝이는 뒷날 위해

간다
또 갈고 간다

간호사 한마디

퇴원을 하루 앞둔
아주머니 낯빛이 하얗다

지팡이 걷기 연습에 힘이 없고

"못 하겠어"
"앉아야겠어"
"에구!"

소리만 무거워
걸음도 흔들
지팡이도 흔들

"내일 퇴원이라면서요?"

아주머니 낯빛이 금세 발갛다

순교 할머니

일어서지 못하고 시소처럼
앉았다 누웠다를 반복하는
순교 할머니

그 옛날, 끝내 일어나지 못한

아기를 닮은 인형 매달고
엉덩이로 방바닥 쓸더니
침방울 한 점씩 뚝뚝 흘린다

요양원 4호실에 혼자 있을 때
침 묻힌 손가락으로
아기 인형 발바닥을 닦다
할머니 입에서 터져 나온 말

아 아- 아- 아-

입추 立秋

폭염 경보 날에
화단에 꽃을 심던 아주머니들
정규직 전환을 위해
플래카드로 인도를 막았다고
소리 지르는 청원경찰들에게 막혀 있다

나무와 나무 사이 플래카드 걸어 놓고
3줄씩 권리를 말하는데
일백만 원도 안 되는 월급 받을라면
나는 다른 일을 찾겠다는
공무원 담당자의 말,
그 말 취소하라고 억지로 취소 받아 내고
절름거리며 걷던 아주머니들

"날씨가 더운데 고생이 많죠?"

구름이 해를 가리고 비가 온다
비정규직으로 살아온
십여 년 세월, 하늘이 보상해 주려는지

밥덩이 천사

사랑요양병원에서
어르신의 손과 발이 되는 길 아주머니
일주일마다 집에 들어와
스물한 개 얼린 밥덩이를 병원으로 싸 간다

끼니 때마다 밥 한 덩이를
입안으로 굴린 세월 십이 년
십이 년보다 많은 열여덟 어르신을
하늘나라에 인도하셨다고

사 먹는 밥 대신
찬밥 한 덩이 입에 넣으며
어르신 곁에서 자리 지키는 길 아주머니

되돌릴 수 없는
어르신의 시간으로 들어가
생의 불꽃 꺼지지 않게 보살피다
남아 있는 기억이 꺼지면
새 옷으로 갈아입히고
발 시리지 않게 양말 신기고

차가워지는 손을 잡고
마지막 인사 올린다고

열여덟 어르신의 마지막 인생 동반자
길 아주머니

술래 부부

아버지가 굴린 자전거 뒤에 타고
어머니보다 페달이 안 굴러간다는
말을 들으며 조운식품에서 사 온
소주 세 병

한 병은 벽장 속에
한 병은 냉장고 뒤로
한 병은 마당 구석에 숨겨 두었다

돼지껍질 삶는데 숨긴 소주는
어디 있냐고 다그치는 어머니
시침 뚝 떼시는 아버지
벽장 속 소주 한 병을 찾아온다

돼지 껍질을
된장에 양파에 마구마구 섞어
소주 한 병 붓고 뜨겁게 달구는 중!

한 사람은 숨기려 하고
한 사람은 찾으려 하고

추석

술이라면 몸서리 쳐진다는 아내 몰래
소주 한 병 기본으로 벽장에 감춰 두고
반반씩 홀짝 들이켰던 안주 없는 시간,

제발 화장은 안 된다고
매장하라던 곡진한 부탁의 박호준 아버님,
하늘나라 217호에 추석달로 떴다

여물지 않은 벼이삭은 저 들 밖에 흔들리는데

달아난 수세미

눈이 왜 떠졌는지 몰라
일 년마다 찾아오는 생일을 배웅한다고
몇 분 남기고 문자가 날아오니
눈이 번쩍 뜨였는지도 몰라

빗소리 자꾸 들리고
내 마음은 싱숭생숭 이상해지는 거야
수세미 들고 멀쩡한 청소를
구석구석 닦아 냈지

물 담긴 부분도 닦아 내다
그냥 스위치를 누르고 만 거야
으악!
힘들게 일만 하다 그만 좁은 통로 속으로

부엌에 있을 때는 멀뚱멀뚱
남의 일만 쳐다보다가
새벽일 하게 되니 뭔 일을 알겠어
잠은 다 잤다
밭에 사는 콩잎 마중가야 하는 걸!

안보 제2터널

수안보온천역에 하루가 멀다 하고 자라는 칡넝쿨, 방충망 사이로 줄기를 뻗고 전기선을 침범하려고 손을 뻗는다. 불꽃이 튀면 초비상, 낫을 들고 무거운 약통을 메고 그들과 싸워야 한다. 열차는 그들의 세상을 침범한 것, 1120m 긴 터널을 안전하게 지나려면 그들 앞에서 늘 겸손해야 한다. 산과 산의 허리를 뚫고 어둠 속으로 들어가 빛으로 나오는 폭염의 시간들.

잘 가라

새벽 두 시 넘어 서류 정리를 한다
버릴 것은 버리고 챙길 것은 챙기고
아낌없이 버리다 보니 며칠 기다린
쓰레기봉투 배가 불룩해졌다

덜그럭 덜그럭
환경미화원의 손길이 빨라졌다
봉지를 휙 집어던지면
안으로 밀어 넣고 돌아가며 밀어 넣고
바닥을 드러내면 자리를 옮겼다

내가 버린 서류도 말없이 따라갔다
갈기갈기 찢어져 아무 말 못 하고,

세상엔
검은 거짓을 낳고
검은 거짓말을 키우고
검은 양심을 가진 자의 큰 소리만 남았다

새 빛을 위해 쓰레기여 잘 가라

십이삼

슬금슬금
잡아 먹는 분초分秒처럼
우리는
아무 일 없을 것처럼 행동한다

시위하고
밥을 먹고
누구를 생각하고
위험이 다가오는 줄도 모르고

무작정 담을 넘어간다

바지가 찢어지고
손가락이 꺾이고
다리에 피가 나고
총부리를 막으며
어둠 안에서 빛의 소리가 들렸다

땅땅땅
죽음의 시간이 해제되었다

조문 가는 길

계화역 출입문 앞에
꽁지 빠진 새 한 마리

검은 돌처럼 박혀 있다

하얀 종이에 곱게 싸서
역전 화단에 심는다

그때 먼 데서 들려오는
기적 소리

제4부

마음의 지팡이 하나

독한 놈

고추 위에 애벌레 하나,
얄공얄공 구멍을 뚫고
머리부터 숨더니만
아침이 되어도 나오질 않아.

살았나?
죽었나?

매운 씨앗만 얄곰얄곰 골라 먹는,

옥수수의 힘

 올해 옥시기는 세 번을 죽었다 깨났지 뭐. 한 번은 비료 줘서 죽구 두 번은 얼어 죽구 얼어죽은 데다 또 노르꾸리한 거 같길래 비료를 훌훌 끼얹어서 갖다 죽구 흙이 있길래 매 놓으냐고 줬더니 이슬 읊이 여간해서 안 죽는데 연했었던 가봐.
 새순이 올라와 가주구설음에 죽은 데다 또 심구 또 심구 거깃다 또 심구 또 심구 칭칭으러 까먹어야 될 뭐. 먼저 심근 거 큰놈은 먼저 따 먹구 칭칭으러 먹을 걸 뭐. 옥시기 여문 칠월에 칭칭으로 심은 옥시기 따니 먼저 심은 놈 살아서 튼실하고
 나중 심은 놈 억지로 살아나 부실하니 맹물만 넣고 삶아도 단맛은 최고일 겨. 단맛을 내려구 그렇게 세 번을 죽었다 깨어났나 벼.

 세 번을 죽었다 깨어난 옥시기 맛, 어뗘?

거룩한 로그아웃

간밤에
꿈에 보인 어머니 생각에
낮 기차 타고 고향에 갑니다

묵직한 수박 한 통 배에 매달고
이층 방으로 들어서니
기저귀 아이로 누워 계신 어머니,

조각조각
입에 넣을 크기로 수박 자르고
입 속으로 슝슝 로그인 합니다

"니 있을 때 똥 눠야 하는데……"

집에 간다는 소리에 불안했던 어머니,
배가 살살 아프다며 힘을 끙끙 주었던 어머니,
어머니 배를 시계 방향으로 문지릅니다

어머니 속을 헤집다 나온 청동구리 야구공
거룩한 로그아웃!

호국원 고양이

호국원 사는 고양이 뭘 먹고 사나?

참배용 사다리 아래 납작 엎드려
실눈 뜨고 살피다
제사 음식 따라 옮기는 일팔 개의 발가락이
가까이 왔음을 알면서도 모른 체하다
제사 지낸 음식은 동물 주는 게 아니라고 거부했던 나
하얀 접시에 커피만 따라주고 말았다

꿈쩍도 않는 혓바닥이 나오기를 기다렸다면
납작 엎드린 바짝 마른 형체는
제사 지낸 소고기를 잘근잘근 씹게 만들었고
커피 놓은 접시로 내려앉게 하였다
냉큼 넙죽이 받아먹는 날름날름 혓바닥
어머니의 작은 소리로 터지고
호랑이 가죽에 그 무서운 기세는 다 어디로 갔나?
꼬리 늘어뜨리고 보채지도 않는 변명처럼
비쩍 말라도 호랑이 가죽은 윤기로 우렁차고

어무니 아부지 모시는 호국원 고양이

찬바람 찾아오는 날에는 무얼 먹고 사나?

살구 소동

살구나무 아래로
우르르 몰려간
열한 살의 또래들
검은 봉지에 살구공을 담았다

바닥으로 모이고
밭골 사이로 숨고
비비추 옆으로 피했던 살구공을

봄에는 볼그레한 얼굴로
점처럼 모이더니
점점점 푸르게 푸르게
새소리와 살았던 살구공을

봄볕에 연분홍 꽃
떨구고 난 자리 볼그스레
이파리 품은 살구공이 다닥다닥

어머니 젖 빠는 아이처럼
지붕 홈에 모인 살구공을

잡지 못했다고 투덜대는

뿌리의 힘

아기가 태어나면 다칠까 봐
화분 정리 시작한 임신 8주차 딸을 본다

하얀 화분에 분갈이 했던 콜레우스
키가 부쩍 자라 지지대로 묶어준 흔적
묶인 곳마다 생긴 상처는 말라서 비틀어졌다

꼭대기에 핀 잎들까지 물 공급이 안 되면
어쩌나 고민 끝에 집으로 가져와
이파리 아래 기둥까지 자르고
부디 살아날 것을 기도하며 다른 화분에 옮긴다

물을 좋아하는 콜레우스, 물을 주고
나무젓가락 지지대로 묶지는 않는다

시들했던 잎들이 제자리를 잡고
겨드랑이마다 피어난 이파리들 떼어 삽목하면
물만 먹고 자라는 뿌리의 힘을 만난다

지렁이

아직은 해가 나오기 전,
울퉁불퉁한 시멘트 바닥
지렁이 한 마리 나와
바닥을 밀고 간다

긴 지지대를 바닥에 놓고
기어오르기를 기다린다

몸이 반쯤
지지대에 걸친 지렁이
화단으로 옮긴다

흙이 들썩인다

한 덩이 흙이 떨어져 나가면
땅속의 용이 되는 순간처럼

칠월 복숭아

"복숭아가 왔습니다 복숭아, 복숭아 밭에서 방금 따온 꿀복숭아를 엄청나게 싸게 싸게 드리고 있습니다"

복숭아 파는 소리가 반갑다고 밖으로 나갔더니 복숭아 파는 소리가 사라졌다. 희미하게 들리는 복숭아 소리 따라 골목으로 휘돌아 갔더니 복숭아 파는 소리 앞에 복숭아 한 쪽 잘라 주신다. 가만히 두면 말랑해지는 말랑 복숭아, 딱딱한 복숭아 임신한 딸래미 준다니 말랑 복숭아 한 개 더 준다. 폭염 폭우를 이겨낸 칠월 복숭아

떨어진 감

감이 익기도 전에 퍼렇게 떨어졌다
가을이 오려면 아직 멀었는데
채 익기도 전에 떨어진 청춘

플래카드

나무와 나무 사이 휘날리는 플래카드
전화번호만 진하게 흔들리고 있다
배롱나무꽃이 배롱배롱 웃는 듯

희미한 여인의 사진과 숫자만 있으니
알려진 홍보글자는 지워져 주름으로 남았다

한세월 살다 보면 사람도 희미한 기억으로
시간을 잊고 사는데 하물며 인간이 쓴
글자는 말할 것도 없는 것

무엇을 알리고 싶었던가!
가운데 쓰인 '도매' 글자만 보인다
빛바랜 시간이 옮겨 온 것처럼

캐논 프린터

절대로 고개 숙이지 말자
여유 있게 허리 펴고
꼿꼿이 서야 할 말이 제대로 나오는 것

반쯤 꺾인 대로 생각이 접힌다면
아무 소용없는 법,
해야 할 말은 접히고 뭉그러져
마음이 번지고
올바른 인식이 되지 않는 법

그에게 여유를 찾아주자
편안하게 생각을 받아들여
차분차분 나올 수 있도록
잠시 안정을 주입하고 기다리자

선명한 그림이 나오지 않더라도

지팡이 선물

영운천 산책로에
비스듬히 누운 붉은 토끼풀

딱!
한 송이만 피어 쓰러질 듯해

비도 오고 눈 내리면
혼자 일어설 수 없는 할머니처럼

누운 모습이 안쓰러워
기댈 마음의 지팡이 하나 드리고 온다

호랑나비

대문 앞 공터에
누군가 쏟아버린
황매실 더미,

호랑나비 한 마리
날갯짓을 한다

매실주 좋아하시던
호준이 할아버지,

날개 젖도록 마시다가
하늘문 닫히면 어쩌려고요

오늘은 그냥
여기서 잘란다

와룡 길거리 북카페*

와룡 길거리 북카페는
나무 책장들이 거리로 나와
오래된 책들을 팔고 있다

1권에 천 원,

> 1일 / 독서
> 권장합니다

빗물에 번진 안내문,
바람 소리를 담은 빈 주전자통 하나,
천 원 지폐 한 장 넣어 두고
책 한 권을 집어든다

*사대부고 사거리 가경로 77

김올
충북 제천에서 태어났다. 2018년 《충북작가》 신인상을 수상하며 작품 활동을 시작했다. 동시집 『연두 나비』를 펴냈다.

거룩한 로그아웃

2025년 11월 28일 초판 1쇄 발행

지은이　김올
펴낸이　유정환
펴낸곳　도서출판 고두미
　　　　등록 2001년 5월 22일(제2001-000011호)
　　　　충북 청주시 상당구 꽃산서로8번길 90
　　　　Tel. 043-257-2224 / Fax. 070-7016-0823
　　　　E-mail. godumi@naver.com

ⓒ김올, 2025
ISBN 979-11-91306-84-2　03810

※ 이 책은 충청북도, 충북문화재단의 후원을 받아 예술창작활동 지원사업의 일환으로 발간되었습니다.
※ 책값은 뒤표지에 표시하였습니다.
※ 잘못 된 책은 구입한 곳에서 바꾸어 드립니다.